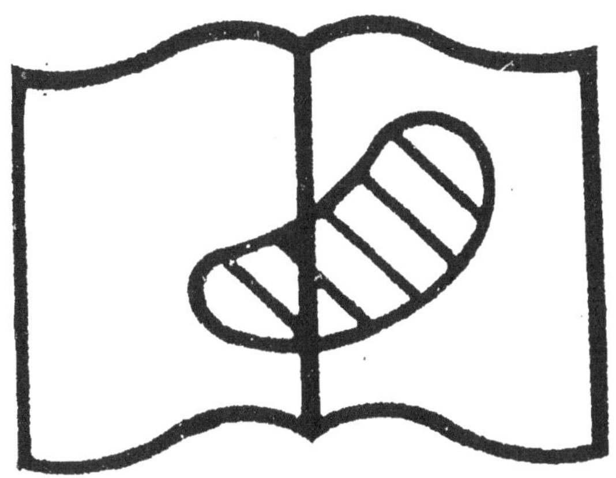

Illisibilité partielle

VALABLE POUR TOUT OU PARTIE DU
DOCUMENT REPRODUIT.

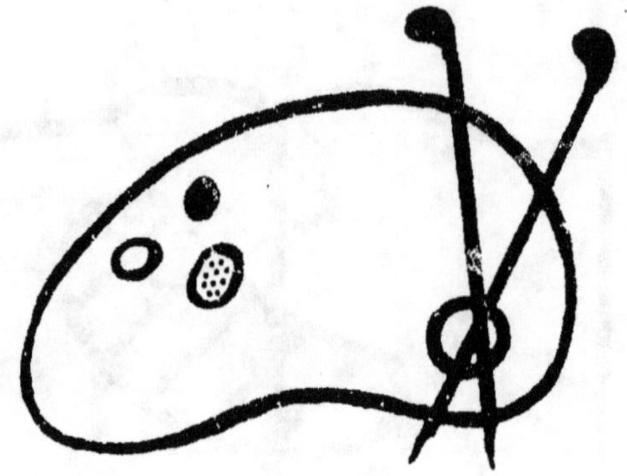

Original en couleur

NF Z 43-120-8

ÉTUDES DIVERSES

VIII

UN AUMÔNIER DU ROI LOUIS XV

L'ABBÉ ODET D'AYDIE

PAR

M. HIPPOLYTE SAUVAGE,

AVOCAT, ANCIEN JUGE DE PAIX

PÉRIGUEUX

IMPRIMERIE DUPONT ET C°, RUES TAILLEFER, AUBERGERIE ET DES FARGES.

1880

ÉTUDES DIVERSES

VIII

UN AUMONIER DU ROI LOUIS XV

L'ABBÉ ODET D'AYDIE

PAR

M. HIPPOLYTE SAUVAGE,

AVOCAT, ANCIEN JUGE DE PAIX

PÉRIGUEUX

IMPRIMERIE DUPONT ET Cᵉ, RUES TAILLEFER, AUBERGERIE ET DES FARGES.

1880

Extrait du *Bulletin de la Société historique et archéologique du Périgord.*

VIII

UN AUMONIER DU ROI LOUIS XV

L'ABBÉ ODET D'AYDIE.

Deux lettres autographes, que nous avons trouvées à Paris, et qui concernent notre grande et illustre abbaye normande de Savigny (1), nous ont donné la curiosité de connaître quel personnage était leur signataire, Mgr François-Odet d'Aydie. A cet égard, les documents sont beaucoup plus nombreux que nous ne le supposions ; il ne s'agissait que de les chercher pour les rencontrer. Nous avons été dès lors tenté de les grouper, et certain que ce portrait offrirait un assez vif intérêt de curiosité, nous en avons essayé une esquisse incomplète sans doute, mais qui suffira certainement pour permettre de juger cet abbé grand seigneur (2).

Né au château de Vaugoubert, en la paroisse de Quinsac (Dordogne) (3), vers l'année 1702, François-Odet d'Aydie

---

(1) Elle était située dans le diocèse d'Avranches et dans le canton actuel du Teilleul, commune de Savigny (Manche).

(2) Secondé également de la façon la plus bienveillante et la plus active par les derniers représentants de la famille d'Aydie, nous tenons en particulier à remercier M. le comte de Larmandie, de tout l'intérêt qu'il a bien voulu porter à notre travail et surtout de ses nombreuses et importantes communications.

(3) Vaugoubert, dans le canton de Champagnac-de-Belair, arrondissement de Nontron, est situé dans la vallée de la Dronne, dans une charmante position.

appartenait à une famille issue des illustres comtes d'Armagnac et des comtes de Comminges, qui comptait parmi
ses membres, un amiral, des commandants d'armées, des
évêques, des prélats, un grand bailli du Cotentin et de
nombreux dignitaires, qui la plupart avaient versé leur sang
sur les champs de bataille ou payé leur dette à la France par
leur dévouement et leurs talents. Quant à notre abbé, il
fut l'un des neuf enfants issus du mariage de messire
Armand d'Aydie (1), vicomte d'Aydie, seigneur baron de
Vaugoubert, de la Barde et de Quinsac (2), avec dame Marie
de Beaupoil de Saint-Aulaire, la propre sœur du marquis
de ce nom (3), que la duchesse du Maine (4) appelait familiè-
rement son *berger* et à laquelle il donnait en retour le titre
délicieux de sa *bergère* (5), et à qui son charmant esprit, plus
que ses productions littéraires, ouvrit les portes de l'Académie française.

Suivant une lettre adressée à Sainte-Beuve, par le comte
de Saint-Aulaire, son collègue de cette même Académie
française (6), les parents de notre abbé avaient peu de for-

---

(1) D'Hozier inscrivit Armand d'Aydie à l'armorial général de la France. Son
écusson héraldique était de gueule à quatre lapins d'argent, courant l'un sur l'autre.
Bibliothèque nationale, cabinet des titres, volume Guyenne, f. 430. — La Chesnaye
des Bois, *Histoire généalogique*, t. II, vᵒ d'Aydie. — Le P. Anselme, *Grands dignitaires de la Couronne*, tome VII, p. 859.

(2) Ces neuf enfants étaient : 1ᵒ Antoine-Armand-Angélique d'Aydie, comte
d'Aydie — 2ᵒ Blaise-Marie d'Aydie, chevalier d'Aydie. — 3ᵒ Antoine-Angélique-
Daniel d'Aydie, chevalier de Ribérac. — 4ᵒ François-Odet d'Aydie, abbé d'Aydie·
— 5ᵒ D'Aydie, abbé, mort en 1719. — 6ᵒ Marie d'Aydie, mariée au marquis d'Abzac
de La Douze. — 7ᵒ, 8ᵒ, 9ᵒ Trois filles religieuses. (Le père Anselme, déjà cité, t. VII
p. 859.)

(3) François-Joseph de Beaupoil de Saint-Aulaire, marquis de Saint-Aulaire, lieutenant-général au gouvernement de Limousin. — Ses frères étaient André-Daniel,
évêque de Tulle, et Foucauld, chevalier de Malte et major des armées navales
du roi Louis XIV.

(4) Anne-Louise-Benedicte de Bourbon, duchesse du Maine, petite-fille du grand
Condé.

(5) *Mémoires du duc de Luynes sur la cour de Louis XV.* — Paris, Didot, 1861,
t. Iᵉʳ, p. 303.

(6) *Mademoiselle Aïssé*, par Sainte-Beuve, *Revue des Deux-Mondes*, 14 janvier 1846.

tune : aussi de tous leurs enfants, trois filles entrèrent au couvent et quatre garçons se firent d'église (1).

Mais quoique l'abbé François-Odet d'Aydie soit le sujet principal de notre présente étude, parlons d'abord de l'un de ses frères, le cadet, nommé Blaise-Marie.

Né comme celui-ci au château de Vaugoubert, le 27 mars 1692, il est très-connu sous le nom de chevalier d'Aydie. Il avait fait profession et prononcé ses vœux dans l'ordre de Saint-Jean de Jérusalem, c'est-à-dire dans l'ordre de Malte. Grâce à un sien cousin, le comte de Rions (2) l'amant avoué, le mari secret de la duchesse de Berry (3), il avait obtenu d'être présenté et d'avoir ses petites entrées au Palais-Royal, puis au Luxembourg. Il plut à la volage princesse, qui l'inscrivit un moment sur ses tablettes à côté de Rions et de tant d'autres.

Sans être un homme à bonnes fortunes, le chevalier d'Aydie, que l'on n'appelait jamais dans sa famille que le beau d'Aydie, tant il était d'une physionomie remarquable (4), faisait donc une certaine figure dans le monde de la haute galanterie, lorsque les circonstances le mirent en rapport avec la célèbre Mlle Aïssé. Il doit aux relations qui s'ensuivirent un certain regain de renommée qu'ont grandement rehaussé les publications récentes (5) de leurs correspondances intimes, remplies d'une délicieuse amitié, mêlées d'un véritable sentiment littéraire qui n'est pas sans mérite ;

---

(1) Le Père Anselme, *Grands dignitaires de la Couronne de France*, t. VII, p. 859.

(2) Sicaire-Antonin-Armand-Auguste-Nicolas d'Aydie, comte de Rions, lieutenant des gardes du corps de la duchesse de Berry, puis son premier écuyer, fut, en 1728, nommé colonel d'un régiment de dragons, et ensuite mestre de camp de dragons et gouverneur de Cognac. Il mourut à Paris, en 1741. — *Mercure de France*, avril 1741, p. 835. — La Chesnaye des Bois, *Histoire généalogique*, t. II, v° d'Aydie. — P. Anselme, déjà cité.

(3) Marie-Louise-Elisabeth d'Orléans, duchesse de Berry, était l'aînée des filles du Régent Philippe d'Orléans. Elle est connue pour ses écarts nombreux et ses dérèglements.

(4) Voir son portrait publié par M. Ravenel.

(5) On compte une dizaine d'éditeurs de ces lettres. La première parut en 1787 avec quelques notes de Voltaire. Les plus récentes sont celles de M. Ravenel et de M. Asse. — *Lettres de Mlle Aïssé*, *Revue des Deux-Mondes*, 15 juin 1873.

tendre, relations qui sont comme un écho lointain des lettres mystiques d'Héloïse et d'Abélard ; odorants bouquets à Chloris, dont les parfums suaves surent embaumer cette cour du Régent, que nos romanciers ont décrite en chargeant plus ou moins leurs tableaux.

Mêlée à la société la plus spirituelle, et l'on peut dire la plus corrompue de son temps, dit M. Charles Louandre (1), intimement liée avec Mmes de Parabère et Du Deffand, Mlle Aïssé fut à même de suivre les intrigues d'alcôve et d'antichambre qui ont exercé sur la politique du moment une si grande influence, et qui souvent même en ont été l'unique ressort. Elle complète, par ses lettres, la princesse Palatine, Saint-Simon, Marais et Barbier, et c'est là, sans parler du charme de ses confidences, ce qui fait le succès de ses correspondances. Comme celles de Mme de Sévigné, elles ont pris rang dans notre littérature.

Du moment où, vers l'année 1720, il rencontra Mlle Aïssé chez Mme Du Deffand, et où il fut distingué par elle, le chevalier d'Aydie concentra toutes ses affections sur elle et il s'y attacha d'un amour inaltérable.

C'était du reste un noble caractère que cette belle Circassienne que l'ambassadeur de France à Constantinople, M. de Ferriol, avait amenée avec lui à la cour. Issue, croyait-on, de race princière, elle attira tous les regards et toutes les sympathies encore plus par ses malheurs que par sa grande jeunesse et par sa beauté incontestable et sans partage (2). Un peu avant qu'elle eût rencontré le chevalier d'Aydie, sa vertu avait couru un danger réel. Le Régent l'ayant vue chez Mme de Parabère, en était devenu amoureux. Ses projets de séduction trouvèrent une complicité active dans Mme de Ferriol, la belle-sœur de son protecteur, qui venait de mourir. Un jour celle-ci vit cette belle et ravissante fleur d'Asie tomber à ses pieds, pour la supplier de ne lui plus parler du duc d'Orléans, assurant que si on continuait à la tourmenter, elle se retirerait aussitôt dans un couvent.

---

(1) *Revue des Deux-Mondes*, 15 juin 1873.
(2) Son portrait, gravé par J. Wexelberg, est au Musée de Périgueux. *Galerie périgourdine*, n° 166. E. G.

Un simple cadet du Périgord fut le seul que discerna ce cœur sympathique et aimant que ne tentaient, ni les hommages enviés, ni les offres brillantes du Régent. Mais le chevalier était lié par ses serments professionnels.

Leurs affections n'en furent pas moins inviolables. La mort d'Aïssé, dans de grands sentiments de piété qui rappellent la touchante La Vallière, put seule les briser en laissant le survivant inconsolable. La fraîche et riante couronne qui pare les fronts du chevalier d'Aydie et de Mlle Aïssé ne sauraient périr, suivant l'expression de l'un de leurs plus chauds admirateurs (1).

C'est dans un pareil milieu, au centre d'un tourbillon de roués de la Régence, au sein d'une cour qui se piquait de la plus parfaite galanterie, que notre jeune abbé Odet d'Aydie, — ainsi l'appelait-on dans l'intimité de sa famille, — se trouva lancé aussitôt son débotté de province. Il venait de recevoir les ordres et d'obtenir son diplôme de Docteur en théologie. Résister à un semblable entraînement eût été certes difficile : il ne l'essaya même pas. L'atmosphère était enivrante ; le groupe littéraire même dans lequel se trouvait son frère le chevalier, qui s'était lié avec les plus hautes intelligences du temps, avait des séductions irrésistibles ; c'étaient Montesquieu, Buffon, Bolingbroke, d'Alembert, Voltaire, Mme Du Deffand, Mme de Créquy, etc., etc. D'ailleurs l'abbé, privé de fortune et homme de grande condition (2), selon l'expression du temps, avait sous sa calotte une certaine ambition, et il comprit tout de suite qu'il pouvait et devait parvenir.

Déjà et depuis le 15 octobre 1719, pourvu, dès l'âge de dix-sept ans, du titre d'abbé de l'abbaye de Saint-Angel, au diocèse de Périgueux (3), et investi d'un canonicat dans la cathédrale de Tours, il envia d'être aumônier du Roi : il en obtint le brevet en 1736 (4).

---

(1) *Correspondance inédite du chevalier d'Aydie.* Préface par M. Bonhomme, Paris, Didot, 1874, p. 8.

(2) *Mémoires du duc de Luynes*, t. VI, p. 369.

(3) Voir nos pièces justificatives, n° 1.

(4) *Gazette de France*, du 26 janvier 1736.

Comment s'y était-il pris ? C'est ce que nous ne saurions dire. Cependant, pour ne rien dissimuler de notre pensée, nous devons dire que nous croyons qu'outre ses alliances et sa noble famille bien apparentée, quelque intrigue galante ne dut pas y être étrangère. Toujours est-il qu'il dut user d'une haute influence auprès du cardinal de Fleury.

Dans une de ses lettres au chevalier d'Aydie, Mme Du Deffand, parlant des fredaines de notre petit collet, les qualifie tout simplement de *déportements* (1). Le mot nous semble un peu bien gros pour caractériser les aventures d'un aumônier du Roi, à une époque et dans un milieu où les amours étaient généralement musqués et raffinés, sinon toujours délicats. D'ailleurs, le marquis d'Argenson (2) cite le nom d'une de ses conquêtes. Il s'agit de Mlle de Charolais, avec laquelle Vauréal, évêque de Rennes, prélat galant et diplomate, était également au mieux. L'on voit ainsi que, digne imitateur de son cousin de Rions, l'abbé savait faire ses choix dans les rangs les plus élevés de la cour, ce qui ne veut pas dire, après tout, qu'il ne pût descendre de temps en temps à la nymphe d'opéra et même un peu moins haut parfois. Dans tous les cas, on saura que le doux esclavage, où

---

(1) Cette lettre est de beaucoup postérieure à l'époque de la nomination de l'abbé comme aumônier du Roi ; mais elle a son importance au point de vue du caractère de notre personnage.

Madame Du Deffand au chevalier d'Aydie.

Lundi, 14 juillet 1755.

« Vous me demandez ce que fait notre abbé (Note de M. Ravenel : Il était très-
» voltairien de principes et, à ce qu'on entrevoit ici, non moins léger sur le reste).
» Il fait ce que faisait le bonhomme Saint-Aulaire, à l'âge de 90 ans. Je crois qu'il
» pourrait se plaindre des mêmes choses que ce bonhomme qui se plaignait à vous ;
» vous en souvenez-vous ? Il trouvait de certaines choses trop grosses et d'autres
» trop plates. L'abbé ignore que je sache ses déportements ; j'en garde le secret,
» excepté à vous ; je lui ai seulement dit que je vous manderais ce qu'il faisait, et il
» ne le craint pas, parce qu'il croit que je l'ignore. » — *Lettres d'Aïssé*, édition de
M. Ravenel, p. 300. — Edit. de M. Asse, p. 387.

(2) *Mémoires de d'Argenson*, t. II, p. 230.

le retenait son trop sensible cœur (1), l'empêchait souvent
de se rendre aux vœux pressants de son frère le chevalier, à
qui il promettait sans cesse sa visite et qui l'attendait toujours en vain.

En un mot, l'abbé Odet d'Aydie, né gentilhomme de haut
lignage, et véritable homme de cour, aux mœurs douces et
faciles, aux manières élégantes et aimables, s'était fait le
type du courtisan mystique, greffé sur l'abbé galant. Ce dut
être, nous le répétons, par ce moyen, qu'il édifia sa fortune
qu'il ne négligea dans aucune circonstance.

Nous pouvons dire, du reste, que souvent on a prêté à tous
et à chacun de ses collègues des aventures qui, en définitive,
ne devaient appartenir qu'à un seul.

Qu'on nous permette à ce sujet une anecdote : non pas que
nous voulions attribuer à l'abbé d'Aydie d'en être le héros,
— nous l'en défendons, au contraire, — mais elle fut racontée
en grand mystère à la cour, où elle fit beaucoup rire. On
ajoutait qu'elle avait dû arriver à l'un des aumôniers du Roi.
Lequel ? — Il y en avait plusieurs ; — c'est ce que nous ne
nous chargerons pas d'éclairer après un siècle et demi.

Un jour, dit-on, l'un de ces Messieurs, après une gaie
soirée, ramenait chez elles, à une heure fort avancée de la
nuit, deux princesses de facile vertu, comme Paris en compte
encore actuellement en grand nombre. Mais sur le quai
Malaquais ou sur le quai Voltaire, la voiture est accrochée et
culbutée à terre, au milieu d'un encombrement inextricable
de chariots.

Le choc avait été rude. Le petit collet et ses compagnes
étaient contusionnés et meurtris, les toilettes dans le plus
piteux état et la confusion telle qu'aucun des trois ne savait
comment sortir du carrosse. A peine étaient-ils remis sur
pied, que l'abbé aperçoit l'un de ses amis qui l'avait reconnu
et qui accourait pour lui porter secours.

« Silence surtout, se hâte-t-il de souffler à l'oreille de
chacune de ces deux dames, — silence. — Ne répondez que

---

(1) Très-sensible particulièrement aux sensualités de la table. — Voir plus loin.

par monosyllabes, que oui et non. — Je dirai que vous êtes mes cousines. — Mais surtout silence ! »

L'ami demeurait absolument en face de l'endroit où était survenu l'accident. Il insista, et pendant que l'on allait relever la voiture, panser les chevaux et réparer les avaries, il fallut bon gré, mal gré, monter chez lui et porter des secours à ces dames, qui devaient avoir tout au moins besoin de se remettre un instant.

Aussitôt installées dans de bons fauteuils, elles suivent d'abord en tout point les instructions données et reçues. On s'empresse autour d'elles ; on leur prodigue sels, cordiaux, onguents, frictions, tout ce qu'on peut imaginer.

Elles ne répondent aux questions qui leur sont adressées que par des hum !.. hum !.. hi !.. hi !.. ha !.. ha !..

Mais tout à coup, soit qu'une douleur réelle se fût fait sentir plus vivement, soit que lasses ou oublieuses de leur rôle, elles fussent à bout de patience, un cri échappe à l'une de ces belles, et elle s'exclame en jurant... sac... fout... je suis éreintée ! .. cette cuisse... cette hanche !... L'ami de l'abbé part d'un franc éclat de rire, en le regardant, ainsi que les cousines.

Mais sans lui répondre, celui-ci saisit au plus vite son chapeau, descend les escaliers quatre à quatre et il court, il court, il court... encore !

Tour à tour, abbé de Saint-Angel, chanoine de la cathédrale de Tours, alors qu'il était encore fort jeune, puisqu'il en fut pendant trente ans le doyen, puis vicaire-général du même diocèse archiépiscopal, et enfin aumônier du Roi, avons-nous dit, en janvier 1736, il obtint encore l'année suivante l'abbaye d'Uzerche, en Limousin (1), qui était d'un modeste revenu de quatre à cinq mille livres. A ce propos, voici une petite anecdote qui égaya la cour un instant, et que le duc

---

(1) *Gazette de France* du 28 décembre 1737. — *Mémoires du duc de Luynes*, t. 1. p. 404; tome VI, p. 369; t. VI p. 394.

Uzerche, arrondissement de Tulle (Corrèze).

de Luynes (1) s'est donné la peine de faire connaître. Nous lui laisserons le plaisir de la répéter lui-même :

« 29 novembre 1737.

» M. l'abbé de Saint-Aulaire, aumônier ordinaire de la Reine, m'a aujourd'hui donné la copie ci-jointe d'un madrigal qu'il envoya à M. le Cardinal (2), sous le titre de *Madrigal d'un anonyme*, et qui est fait par le vieux M. de Saint-Aulaire son oncle.

> On ne vit guère au temps passé
> Ce que nous admirons en France,
> Un ministre modeste et désintéressé,
> Un Roi plein de justice et de reconnaissance.

» M. le cardinal lui répondit qu'il le priait instamment de chercher à découvrir l'auteur du madrigal ; que cette découverte lui était nécessaire dans la place où il était, devant désirer de connaître les auteurs des lettres anonymes. M. de Saint-Aulaire répondit par ces vers :

> Ce simple et mince madrigal
> Ne mérite louange ni reproche ;
> C'est l'écho d'un bruit trivial
> Que répète une vieille roche.

» Et pour marquer encore plus qu'il s'occupait à la recherche que désirait Son Eminence, M. de Saint-Aulaire a fait encore les vers ci-après :

> Avec un zèle sans égal,
> Je tâche à découvrir l'auteur du madrigal,
> Et pour rendre le ciel propice à ma recherche,
> J'ai fait irréparable vœu
> De lui consacrer un neveu (3),
> Que vous ferez abbé d'Uzerche. »

---

(1) *Mémoires du duc de Luynes*, t. I, p. 401.
(2) Le cardinal de Fleury, ministre d'Etat.
(3) C'est l'abbé d'Aydie. (Note du duc de Luynes.)

C'est ainsi que se présentait une supplique au siècle dernier, et qu'à la cour on savait s'y prendre pour attirer l'attention du souverain sur soi-même ou sur un protégé, afin d'arriver à un succès auprès des dispensateurs des grâces et des faveurs.

Nous épargnerons à nos lecteurs les divers offices que notre abbé dut remplir, en qualité d'aumônier du Roi. Ainsi, nous trouvons inutile de dire qu'en telle année, un jour de Vendredi-Saint, dans la chapelle de Versailles, aussitôt après l'adoration de la Sainte Croix par le Roi, par chacun des membres de la famille royale et des hauts personnages de la cour, l'abbé se tint debout au pied de la croix, une bourse ou un plateau d'argent à la main, pour recueillir les offrandes : ceci était de son office. Mais nous tenons essentiellement à faire connaître qu'il accompagna Louis XV, dans l'une de ses campagnes militaires, en 1744 (1), probablement en qualité d'aumônier et qu'il le suivit à l'armée. Il est également important de rappeler que ce fut encore l'abbé d'Aydie qui remplit la mission d'aller avec la maison du Roi jusqu'aux Pyrénées, au-devant de la première Dauphine (2). La princesse le trouva à son gré, paraît-il. Ce lui fut l'occasion d'une faveur nouvelle, puisqu'elle le recommanda plus tard à Mgr de Mirepoix et lui fit ainsi avoir notre grande abbaye normande de Savigny (3).

L'illustre Massillon, l'éloquent orateur qui en avait été pourvu depuis l'année 1721, venait de mourir, et les compétiteurs à cette belle commande étaient nombreux. Odet d'Aydie se mit sur les rangs; il intéressa à sa candidature et la Dauphine et le cardinal de Rohan (4). Mais cela ne suffit pas. Il lui fallut invoquer l'état mauvais de sa santé, qui ne lui eût pas permis de faire une campagne nouvelle avec le Roi. Il demanda cette abbaye comme une faveur insigne, comme une grâce et comme une retraite; il se voyait, quoiqu'à

---

(1) *Duc de Luynes*, t. VI, p. 394.

(2) Le Dauphin Louis, fils de Louis XV, épousa en premier mariage Marie-Thérèse d'Espagne, qui mourut l'année suivante.

(3) *Duc de Luynes*, t. VI, p. 369.

(4)　　*Id.*　　t. VI, p. 369.

regret, contraint de se retirer du monde et de quitter la cour. Ce n'était pas assez encore. Alors, il fit offrir sa démission d'Uzerche et même sa démission d'aumônier du Roi, ce qui entraînait aussi celle de son conseiller.

Sa nomination eût laissé libres ces deux postes qui pouvaient satisfaire d'autres ambitions, et qui avaient bien leur prix. Odet d'Aydie fut enfin présenté par Mgr de Mirepoix à la nomination du Roi, qui l'agréa sur le champ (1).

L'abbé voulut à ce moment faire usage d'une petite escobarderie (2) et se livrer à un véritable escamotage. Il ne parla plus de se retirer, ni de donner sa démission des deux bénéfices, dont il était titulaire, et dont Savigny était l'échange. Au contraire, il déclara au cardinal de Rohan, son protecteur, qui lui annonçait la bonne nouvelle, qu'il désirait faire encore la campagne nouvelle avec le Roi, et qu'il tenait plus que jamais à rester aumônier de la chapelle royale.

Cette nouvelle répandue à Paris fut l'objet de mille commentaires défavorables. Pour y couper court, Mgr de Mirepoix donna sur le champ des ordres afin qu'on n'expédiât point le brevet de l'abbaye de Savigny. D'Aydie adressa donc sa démission d'Uzerche. Mais celle de son aumônerie n'arrivait pas à la chancellerie. Il eut encore recours à quelque biais ; il alla jusqu'à faire demander au Roi lui-même ses sentiments. Enfin, de guerre lasse, il envoya sa démission. Alors, mais seulement alors, il put recevoir ses provisions de Savigny ; il avait la mitre et la crosse (3).

Ce n'avait pas été une mince affaire, comme on le voit. Le duc de Luynes (4) nous donne mille détails sur ce sujet : nous ne saurions mieux faire que de les reproduire :

« Versailles (5), lundi, 22 mars 1745.

» Hier, le Roi travailla avec M. l'ancien évêque de

---

(1) *Gazette de France* du 24 avril 1745.

(2) Expression de M. Bonhomme. Préface des *Lettres du chevalier d'Aydie*, 1874.

(3) Les abbés de Savigny avaient obtenu la mitre et la crosse au xve siècle du pape Martin V, en 1418. *Gallia Christiana*, t. XI.

(4) *Mémoires*, t. VI, p. 369.

(5) *Id.* t. VI, p. 369.

Mirepoix, suivant l'usage ordinaire (car ce travail est présentement le dimanche). On sut au sortir du travail que l'abbé d'Aydie a eu l'abbaye de Savigny, diôcèse d'Avranches (1), qui est affermée 27,000 livres et qui en vaut au moins 28,000, tous frais faits. L'abbé d'Aydie rend la petite abbaye d'Uzerche, en Limousin, qui ne vaut qu'environ 4 à 5,000 livres, que feu M. de Saint-Aulaire, son oncle, avait obtenue pour lui de M. le cardinal de Fleury. L'abbé d'Aydie est homme de grande condition; il est grand vicaire de Tours et aumônier du Roi depuis plusieurs années. En cette qualité, il a fait le voyage avec la maison du Roi pour aller au-devant de Madame la Dauphine. Madame la Dauphine, qui en a été contente, l'avait recommandé à M. l'évêque de Mirepoix. »

« Samedi (2), 10 avril 1745.

» J'ai marqué ci-dessus que M. l'abbé d'Aydie a une abbaye depuis peu. Cette grâce du Roi a donné occasion à plusieurs difficultés. M. l'abbé d'Aydie avait prié M. le cardinal de Rohan d'en parler à M. de Mirepoix, et lui avait dit que sa santé ne lui permettant pas de faire une seconde campagne (il a fait la dernière avec le Roi), il désirait se retirer et demandait cette grâce pour sa retraite. M. de Mirepoix, en conséquence, demanda au Roi l'abbaye de Savigny, qui fut accordée sur le champ à l'abbé d'Aydie. C'est ainsi que le cardinal de Rohan conte le fait. Il ajoute que M. de Mirepoix, aussitôt après le travail, lui manda la grâce accordée à l'abbé d'Aydie; que cet abbé, quelques jours après, vint le trouver, et lui dit qu'il désirait beaucoup faire encore cette campagne avec le Roi (3); à quoi M. de Rohan répondit que ce ne serait pas lui qui le chasserait de la chapelle; que sur ce propos l'abbé d'Aydie avait été dire à Paris qu'il ne

---

(1) Le duc de Luynes dit à tort Coutances.
(2) *Mémoires*, t, VI. p. 394.
(3) Ce fut la campagne de Flandre, terminée par la célèbre bataille de Fontenoy du 17 mai 1745

quittait point sa place d'aumônier du Roi; que M. de
Mirepoix, instruit de ces propos, en avait été fort mécontent,
d'autant plus que pareille aventure lui était déjà arrivée avec
M. l'abbé de La Fare; qu'il avait demandé un prieuré pour sa
retraite et n'avait plus voulu se retirer après avoir obtenu
ce bénéfice. M. de Mirepoix alla sur le champ demander que
l'on n'expédiât point le brevet de ladite abbaye, voulant
absolument avoir la démission de l'abbé d'Aydie.

» L'abbé d'Aydie conta le fait un peu différemment, et il
prétend que ce fut M. le cardinal de Rohan qui lui demanda
pourquoi il voulait quitter, disant qu'il devrait encore faire
cette campagne pour marquer au Roi sa reconnaissance
du bienfait qu'il en avait reçu. Ce qui est vrai et constant,
c'est que M. de Mirepoix a été extrêmement mécontent
de l'abbé d'Aydie; qu'il disait qu'il lui avait demandé la
démission de l'abbaye d'Uzerche et celle d'aumônier du Roi;
qu'il avait reçu la première, mais qu'il n'avait pu recevoir la
seconde, parce que c'est le droit du grand aumônier à qui il
comptait qu'elle serait remise. M. de Mirepoix n'a pas voulu
changer de sentiment. Il a demandé effectivement que l'on
suspendît l'exécution du brevet, lequel n'a été expédié que
depuis peu, les démissions de l'abbaye et de la charge ayant
été remises toutes deux à M. l'évêque de Mirepoix.

» L'abbé d'Aydie prétend qu'il a fait demander au Roi ses
sentiments, et que le Roi avait répondu qu'il s'accommodait
fort bien de son service et qu'il ne voulait point qu'il quittât.
La démission étant donnée, reste à savoir si le Roi voudra
que l'abbé fasse encore la campagne; c'est ce qui sera décidé
dans un travail de M. le cardinal de Rohan avec Sa Majesté.

» Je n'ai su qu'aujourd'hui que l'affaire fût décidée il y a
plusieurs jours. L'abbé d'Aydie a quitté, et le Roi a nommé
à sa place M. l'abbé Lascaris, parent de M. l'archevêque de
Paris. Le quartier de M. l'abbé d'Aydie était celui d'avril;
son confrère du même quartier est l'abbé de Montaget. Le
Roi a réglé que M. l'abbé Lascaris ne ferait point la campagne; qu'il servirait seulement huit jours auprès de lui,
qu'après quoi il entrerait chez M. le Dauphin; que l'abbé de
Saint-Sauveur, qui, après avoir servi le quartier de janvier

chez le Roi, est actuellement chez M. le Dauphin, irait en campagne avec l'abbé de Montaget (1). »

Une fois sa démission d'aumônier du Roi donnée, l'abbé Odet d'Aydie, devenu Mgr de Savigny, se retira au château de Mayac, chez le marquis de Migré, son beau-frère (2), qui avait épousé Marie d'Aydie, au château de Vaugoubert, le 10 juin 1727 (3). Le chevalier d'Aydie, que nous connaissons déjà, l'y avait précédé depuis quelque temps.

Ils se trouvèrent donc réunis à tous les leurs, et entourés de toutes les prévenances que leur méritaient leur séjour prolongé à la cour et la considération de grandes et lucratives positions conquises par eux. Aussi l'abbé pouvait-il écrire comme son frère une lettre qui respire la joie de la bienvenue, le profond contentement du retour et les joies ineffables d'un intérieur délicieux. Nous en détacherons quelques passages :

« Enfin, mon ami, me voilà à Mayac, bien reçu, bien logé,
» bien traité, avec les meilleurs gens et à mon gré les plus
» sociables et les plus aimables qu'il y ait, je crois, au monde.
» Je ne sors que des bras de l'un pour rentrer dans les bras de
» l'autre. Ma mère, ma sœur, mon frère, mon beau-frère, mes
» neveux, et mes nièces m'inspirent et me témoignent les
» sentiments les plus tendres (4). »

Du reste, il disait vrai, c'étaient d'aimables habitants que ceux qui occupaient le château de Mayac. Un très-simple détail nous le fera comprendre et nous initiera tout de suite aux habitudes de la noblesse du Périgord, au milieu du siècle dernier. C'est encore à M. de Saint-Aulaire que nous le devons,

---

(1) Note du duc de Luynes, datée du 18 avril 1745.

(2) François d'Abzac de Mayac, dit le marquis de Migré, était mousquetaire (de Courcelles, *Histoire généalogique et héraldique des pairs de France*). On l'appelait plus vulgairement le marquis de Mayac. — Il mourut en 1776, au château de Mayac. *Mercure de France*, janvier 1777, 2e vol. p. 212.

(3) L'une de leurs filles fut la marquise de Montcheuil, que nous aurons l'occasion de retrouver plus tard.

(4) Lettre au bailli de Froullay. Mayac, 2 juillet 1740. Ed. de M. Bonhomme, X, p. 109.

et il est pour nous d'un prix inestimable comme étude de mœurs.

« Ma mère m'a souvent raconté, dit-il (1), que lors de l'arrivée en Périgord du chevalier d'Aydie, avec sa fille (2), l'admiration fut générale. Il la présenta à sa famille, et, suivant la coutume du temps, il allait chevauchant avec elle de château en château. Leur cortége grossissait chaque jour, parce que la fille d'Aïssé emmenait à sa suite les hôtes de la maison qu'elle quittait, et les convives qu'elle avait rencontrés. »

Nous n'oserions aller jusqu'à dire que c'était à Mayac une suite non interrompue de jours de fêtes et de plaisirs ; mais nous pouvons certes imaginer un intérieur fort harmonieux. Aussi, Mᵐᵉ du Deffand écrivait-elle au chevalier une lettre dans laquelle, faisant allusion à l'abbé, elle lui disait ceci :

« L'abbé m'a raconté quelle était la vie que vous menez ; il n'y a rien de si agréable et de plus délicieux. Je comprends la difficulté qu'il y a d'y renoncer. Ne pouvant la partager, j'y porte grande envie. Si j'avais le plus petit prétexte pour y être admise, je n'hésiterais pas un moment à demander une petite chambre à Mayac (3). »

Au surplus, le chevalier d'Aydie, de même que l'abbé, pouvaient, quand bon leur semblait, se soustraire à la foule qui les entourait, ou à leur famille qui savait bénéficier de leurs correspondances nombreuses et suivies avec leurs amis d'autrefois, pour se recueillir dans l'étude et dans le silence de la méditation. Aucun des chers absents n'était oublié par eux. Les présidents de Montesquieu et Hesnault, Mᵐᵉ du Deffand, le bailli de Froullay, le marquis et la marquise de Créquy, Formont, d'Alembert, les encyclopédistes, etc., etc., recevaient de loin en loin des retours de leurs pensées et parfois quelques chapons, dindons et autres petits cadeaux, ac-

---

(1) Sainte-Beuve, *Revue des Deux-Mondes*, 15 janvier 1846. — *Lettres du chevalier d'Aydie*, M. Bonhomme, préface, p. 35.

(2) Cette fille épousa le vicomte de Nanthiac, qui n'eut qu'une fille mariée au comte de Bonneval, et cette dernière n'eut, elle-même, qu'une fille qui est devenue la vicomtesse d'Abzac : la tige discrète ne portait à chaque fois qu'une fleur unique.

(3) *Lettres du chevalier d'Aydie*, Ed. M. Bonhomme, p. 46.

compagnés de truffes du Périgord, voire même des paniers de prunes et de fruits de cette contrée prédestinée. Les réponses, qui s'en faisaient rarement attendre, étaient accueillies, on le pense bien, avec la joie la plus pure. Elles avaient les grands honneurs d'une lecture au salon où elles trouvaient toujours des oreilles attentives et des cœurs dévoués. Comment, en effet, n'être pas superlativement flatté, quand on recevait des lettres comme celle-ci, qui est datée de La Brède, le 1ᵉʳ juin 1751, et qui, signée de l'illustre Montesquieu, a été recueillie et publiée dans ses œuvres posthumes :

« Vous êtes, mon cher chevalier, mes éternelles amours, et
» il n'y a en moi d'inconstance que parce que tantôt j'aime
» votre esprit, tantôt j'aime votre cœur ! »

Combien peu d'hommes pourraient se flatter de décrire d'aussi intimes sentiments dans des termes plus charmants et d'une plus exquise délicatesse ! Combien peu d'hommes surtout sauraient mériter une affection plus noble et plus dévouée ! A notre estime, l'écrivain sait élever son ami à sa propre hauteur et l'ami ne lui reste inférieur en rien. De tout temps, de tels hommes ont été fort rares.

Ces correspondances ont été conservées pour la plupart et nous nous en félicitons, car elles nous donnent à de nombreux intervalles des détails curieux et intéressants sur l'abbé d'Aydie, qui fait l'objet de notre étude présente.

Son frère, le chevalier, dans ses lettres, surtout dans celles qu'il écrivit au bailli de Froullay, parle sans cesse de lui dans des termes affectueux. Nous ne pouvons faire mieux que d'en relever quelques passages. Ce nous est le moyen de mieux étudier et les habitudes et le caractère de ce prélat que quelques écrivains n'ont voulu considérer que comme un abbé de cour, aux mœurs légères, et dont ils ont essayé de faire une figure des plus originales. D'autres ont tenté même d'ériger notre abbé en voltairien, ce qui ne nous est en rien démontré ; au contraire, ceux qui ont la jaunisse, dit-on, voient tout en jaune.

Il ne suffit pas d'avancer qu'il fut le fervent disciple de son contemporain, avec lequel il eut peut-être quelques relations ;

il s'agit de le prouver. L'abbé d'Aydie fut homme de cour, peut-être léger, si l'on prend au pied de la lettre ce qu'en dit Mme du Deffand, qui nous paraît être une langue diabolique ; nous le voulons bien. Il fut surtout épicurien, ami de la bonne table ; nous le concédons. Mais voltairien , jamais ! Ses proches lui ont prodigué mille plaisanteries.Le chevalier lui-même, nous allons le voir, ne l'épargne pas à certains moments ; il lui donne parfois de forts coups de lardoire, et cependant il sait lui rendre cette justice que l'abbé est toujours l'esclave de ses devoirs de doyen des chanoines et de vicaire-général de l'archevêché de Tours. A ses yeux ce n'est pas une faute impardonnable d'avoir été un fin gourmet et un mangeur délicat, peut-être même un gros mangeur. A de tels reproches, qui n'ont rien de bien sérieux, nous répondrons qu'après tout que celui qui est sans péché lui jette la première pierre !

Nous tenons, au surplus, et en tout, à produire nos preuves les voici :

I

Le chevalier d'Aydie au bailli de Froullay.

« Mayac, ce 22 novembre 1743.

» L'abbé est parti avec d'autant plus de regret de notre part, que nous ne trouvions pas la cicatrice de sa jambe (1) assez consolidée pour qu'il dût se mettre en chemin ; mais l'envie de se rendre à son devoir l'a emporté sur nos remontrances et sur le penchant qu'il aurait eu lui-même à prolonger son séjour avec nous (2). »

---

(1) Depuis longtemps, le chevalier d'Aydie était sujet à de fréquents accès de goutte, ce qui lui était commun, du reste, avec ses deux frères, l'abbé et le chevalier de Ribérac. Ils portaient tous la peine de leur sensualité et de l'amour de la table. La goutte n'a-t-elle pas été spirituellement nommée la croix de Saint-Louis de la galanterie par Chamfort.

(2) *Lettres du chevalier d'Aydie.* Ed. de M. Bonhomme, XVII, p. 123.

II

Le chevalier d'Aydie à la comtesse de Tessé.

« Mayac, le 1ᵉʳ janvier 1750.

» J'ai eu l'honneur de vous mander, il y a quelque temps, que notre maison était toute pleine de malades. Ils sont, Dieu merci, tous guéris, et l'abbé déjà reparti pour se rendre à Tours (1). »

III

Le même au bailli de Froullay.

« Mayac, 14 octobre 1751.

» L'abbé n'est point encore arrivé : nous mettons sans cesse la tête à la fenêtre pour *voir* si nous ne le *verrons* point venir. Ce sera un nouveau sujet de joie et une nouvelle occasion de parler de vous : car, Dieu merci, vous avez autant de serviteurs que j'ai de parents, et nous ne demandons rien avec tant d'empressement que des nouvelles de votre excellence, dont la santé, dont l'amitié me sont mille fois plus précieuses que ma propre vie (2). »

IV

Le même au même.

« Mayac, 22 octobre 1751.

» L'abbé n'est point encore arrivé. Il est à Richelieu, ou apparemment il se divertit et fait bien (3). »

---

(1) *Correspondance d'Aïssé.* Ed. Ravenel et Asse.
(2) *Lettres du chevalier d'Aydie.* Ed. de M. Bonhomme LVIII, p. 196.
(3)   Id.   id.   id.   LIX, p. 197.

V

Le même au même.

« Mayac, 29 octobre 1751.

» L'abbé, après nous avoir leurré longtemps de l'espérance de le voir, nous mande qu'il ne viendra qu'au printemps. Des valets malades, des chevaux boiteux, et je ne sais plus quelles autres impertinentes raisons nous privent d'un plaisir que nous regrettons beaucoup. Il faut prendre patience (1). »

VI

Le même au même.

« Mayac, 4 novembre 1751.

» Que dites vous du tour que nous fait M. l'abbé et des belles raisons qu'il nous donne pour rester à Tours, non pour dire des *gaudés* (2) avec ses chanoines, mais pour godailler avec eux et son bon cuisinier, tandis que le mien est détestable (3). »

VII

Le même au même.

« Mayac, 11 novembre 1751.

» Dites moi, mon cher bailli, comment avez vous deviné que l'abbé ne viendrait pas en ce pays ci aussitôt qu'il nous le promettait ? Cela m'étonne :

---

(1) *Lettres du chevalier d'Aydie.* Ed. de M. Bonhomme, I.X, p. 199.

(2) *Gaudés,* courtes et menues prières. Ce mot dérive du latin *gaudere,* il subsiste encore dans celui de gaudriole, propos gai et libre. — Il appartient du reste à la langue de Rabelais, qui dit aussi : « puis commanda qu'on le fît bien chopiner théologalement. » (Liv. 1, ch. 25). On disait encore autrefois, en matière de proverbe : vin théologal et table d'abbé.

(3) *Lettres du chevalier d'Aydie,* éd. Bonhomme, LXI, p. 202. Ce cuisinier devait s'appeler Michellet ; on a conservé le souvenir également de cet excellent maître-coq.

car, moi, j'ai été jusqu'à la fin la dupe de ses discours et de ses lettres.
Vous saviez apparemment sur cela quelque chose que j'ignorais et que j'i-
gnore encore (1). »

VIII

Le même au même.

« Mayac, 10 décembre 1751.

» Le voyage que l'abbé devait faire à Paris est retardé (2). »

IX

Le même au même.

« Mayac, 3 mai 1754.

» Nous allons tous nous séparer pour quelque temps. L'abbé est déjà
parti pour Tours ; Madame d'Abzac et Madame sa mère, y retournent aussi
(3). »

On ne peut donc pas douter que l'abbé d'Aydie n'eût
l'indépendance et l'énergie nécessaires pour s'arracher parfois à sa famille, dont les exigences, à en juger par le chevalier, eussent été quelque peu tyranniques. A en croire ce
frère, il n'eût jamais dû délaisser Mayac. Les meilleures
raisons alléguées par lui sont qualifiées par celui-ci d'impertinentes. Il va jusqu'à regretter que l'abbé ne lui amène pas
son propre marmiton. Ne serait-ce pas plutôt son revenu et
le montant de ses riches bénéfices qui provoquent ses envies ?
Il nous est permis de penser que les tendresses du glouton
étaient plus vives à l'endroit de la cassette du prébendier qu'à
celui de sa sensibilité fraternelle.

L'abbé était souvent à Tours et il y résidait longtemps.
Quant à Savigny, il dut y venir quelquefois. Mais nous igno-

(1) Lettres id. LXII, p. 205.
(2) Lettres id. LXVI, p. 214.
(3) Lettres id. LCVI, p. 276.

rons cependant s'il y multiplia ses voyages, et les éléments
nous font défaut pour nous en assurer. Les registres capitu-
laires de cette maison existent pourtant en partie, nous le
croyons du moins (1); il nous est impossible de les vérifier.

Cependant, après la mort du chevalier d'Aydie, l'abbé Odet
vint fixer définitivement sa résidence au château de Mayac.
Ce fut dans ces circonstances, sans nul doute, qu'il donna sa
démission de son doyenné de Tours et de son titre de grand-
vicaire, qui l'obligeaient à trop de déplacements. Il reçut en
retour du roi Louis XV, l'abbaye d'Hasnou, en Flandre (2),
dont le revenu était de 5,000 livres (3). S'il renonçait, suivant
l'expression de son frère, à *godailler* avec les chanoines, ses
confrères, sous l'œil et sous la fourchette de son excellent
cuisinier, du moins il retrouvait une famille aimée de lui,
qui le recherchait et autour de laquelle se réunissait toujours
l'élite de la bonne compagnie de la province. L'habitation
n'était pourtant, ni spacieuse, ni magnifique, et la fortune du
marquis de Migré, châtelain de Mayac, n'était pas très-consi-
dérable; mais les bénéfices de l'abbé, qui ne montaient pas à
moins de 40,000 livres chaque année, passaient dans la
maison; et d'ailleurs, nos pères, en ce temps là, exerçaient
une large hospitalité à peu de frais (4).

« Mes parents, continue l'académicien de Sainte-Aulaire,
m'ont souvent raconté des détails sur ces anciennes mœurs.

« Il n'était pas rare de voir arriver à l'heure du dîner douze
ou quinze convives non attendus (5). Les hommes et les jeunes
femmes venaient à cheval, chacun suivi de deux ou trois do-

---

(1) Anciennes archives de Mortain, aujourd'hui à Saint-Lô.

(2) Hasnou, canton de Saint-Amand-les-Eaux, arrondissement de Valenciennes (Nord).

(3) Pétition adressée à l'Assemblée nationale. Voyez pièces justificatives.

(4) Note manuscrite du comte de Sainte-Aulaire à Sainte-Beuve, souvent reproduite.

(5) En prévision de ces nombreuses visites, les châtelaines et Mme de Saint-Viance, l'aînée des demoiselles d'Abzac de Mayac, entre autres, faisaient toujours grande toilette. Cette dernière surtout était fort longtemps à faire ses apprêts, et pour avoir tout le temps de procéder à ses derniers ajustements, sans précipitation, elle donnait, quelquefois du moins, au cuisinier de l'abbé d'Aydie, un petit écu de 3 livres pour qu'il retardât un peu le service de son menu.

mestiques. Les gens âgés venaient en litière, les chemins ne comportant pas l'usage de la voiture. Les provisions de bouche étaient faites en vue de ces éventualités et la cuisine de Mayac était renommée ; mais la place manquait pour loger et coucher convenablement tous ces hôtes. Les hommes s'entassaient dans les salons, dans les corridors ; les femmes couchaient plusieurs dans la même chambre et dans le même lit.

» Ma mère, qui avait été élevée en Bretagne, où les coutumes étaient différentes, fut fort surprise, lors de ses premières visites à Mayac. La comtesse d'Abzac (née de Custine) (1), qui faisait les honneurs, lui dit un jour :

« Ma chère cousine, je te retiens pour coucher avec moi. »

» Quelques instants après, Mlle de Bouillien dit aussi à ma mère :

« Ma chère cousine, je te retiens pour coucher avec moi »

» — Je ne puis pas, répondit ma mère, je couche avec la comtesse d'Abzac. »

« Mais et moi aussi, répondit Mlle de Bouillien. »

» Ces trois dames couchèrent dans un lit médiocrement large, et pour faire honneur à ma mère, on la mit au milieu.

» Ces habitudes subsistèrent à Mayac jusqu'en 1790. L'abbé d'Aydie se retira alors à Périgueux, avec sa nièce Mme de Montcheuïl (2), dans une jolie maison que celle-ci a laissée depuis à MM. d'Abzac de La Douze. Il était presque centenaire (3), et on put lui cacher les désastres qui signalèrent les premières années de la Révolution (4). »

---

(1) Marie-Louise de Custine avait épousé Louis, marquis de Mayac, qui fut tué au combat de Bruchtal (1791), pendant l'émigration. Il était le petit-fils de Marie d'Aydie, mariée, comme nous l'avons vu, à François d'Abzac de Mayac, marquis de Migré.

(2) La marquise de Montcheuil était la fille du même François d'Abzac de Mayac et de Marie d'Aydie. (Voir la note précédente).

(3) Il était nonagénaire seulement, puisqu'il est mort à 92 ans.

(4) Pour cette étude, si nous avons fait de nombreux emprunts textuels à divers auteurs, c'est afin de donner à notre travail surtout un caractère sérieux et de la plus complète authenticité.

Nous voulons croire que ce bon vieillard conserva jusqu'à ses derniers jours toute l'intelligence que la nature lui avait départie, et qu'il avait cultivée dans le milieu plein de distinction, d'élégance et d'harmonie, où il avait toujours vécu et que nous avons essayé de dépeindre. Lorsqu'il eut adressé de Périgueux à l'Assemblée nationale les deux lettres que nous publions plus loin, et qui ont été pour nous le point de départ de notre étude sur le siècle dernier, il fut facile, en effet, de lui persuader que sa demande avait été favorablement accueillie et que rien ne devait être changé autour de lui. A son âge, les besoins sont peu nombreux et la tendre sollicitude des siens lui laissa discrètement ignorer le cours des événements graves qui s'étaient accomplis. Il dut ignorer que ses bénéfices lui avaient été confisqués par la nation qui les avait convertis en une modeste pension. Cette conduite fut très-sage. François-Odet d'Aydie mourut ainsi fort tranquille, à Périgueux, à l'âge de 92 ans, dans une fort belle maison qu'il avait fait bâtir, sur la route de Bordeaux, et qui fut léguée par lui à sa nièce Mme de Montcheuil.

Devenue la propriété de M. le marquis d'Abzac de La Douze, ancien député sous la Restauration, par suite de la donation de Mme de Montcheuil, cette maison fut affectée, pendant un long temps, à la résidence des divers généraux commandant la 21e division militaire. Aujourd'hui, elle est connue sous le titre d'Hôtel de l'Univers, l'un des plus beaux hôtels de voyageurs de Périgueux, et l'un des plus fréquentés.

Ajoutons encore que l'on conserve dans cette même ville de Périgueux le portrait de l'abbé d'Aydie. Mais reproduite dans les dernières années de sa vie, sa physionomie est éteinte et n'a rien qui rappelle ses deux frères les chevaliers d'Aydie et de Ribérac, qui furent des types de beauté.

Notre abbé avait donc été pendant 45 ans, c'est-à-dire pendant près d'un demi-siècle, abbé commendataire de notre illustre monastère de Savigny. Cette longue administration avait été du reste profitable pour cette abbaye.

Lorsqu'en 1745 il l'avait reçue des mains du Roi, après la mort de Massillon, le dernier titulaire, elle était en bonne voie de prospérité : il n'avait eu qu'à continuer. D'après des conventions intervenues entre celui-ci et les **religieux**, les revenus de Savigny qui s'élevaient en 1730 à environ 66,000 livres, avaient été divisés en trois parts égales de chacune 22,000 livres, dont l'une pour l'abbé, la seconde pour la communauté des religieux et la dernière devait être employée aux réparations tant des lieux claustraux que des fermes et des dépendances de l'abbaye. Ces faits ressortent d'un mémoire authentique dont l'excellent abbé Des Roches nous avait donné l'original et que nous avons offert nous-même aux Archives du département de la Manche (1).

Au moment de sa prise de possession (2), Mgr Odet d'Aydie avait trouvé sa mense élevée à 28,000 livres; et nous pouvons garantir qu'en 1790, bien qu'il l'ait maintenue au même taux, dans sa déclaration, elle valait sans conteste 30,000 livres; de sorte que pour fixer un chiffre rond, l'abbaye de Savigny valait en totalité une somme de 90,000 livres.

Par le fait, le prieur en était le directeur sérieux et responsable. Toujours au milieu de ses religieux, qui le connaissaient, tandis que l'abbé n'apparaissait point ou presque jamais au cloître (3), il dirigeait sans contrôle et il avait la haute main tant pour la discipline intérieure, que pour l'emploi des revenus et l'administration extérieure. C'est donc aux sept ou huit derniers prieurs qui ont exercé ces fonctions de 1745 à 1790, c'est-à-dire pendant l'abbatiat, d'autres diraient le long règne d'Odet d'Aydie, que l'on doit surtout reporter le mérite de l'état prospère et d'augmentation dont jouissait Savigny au moment de la disparition de cette maison. Cependant, comme en tout il est d'usage d'attribuer aux chefs et aux supérieurs ce qui est exécuté sous leurs ordres, nous indiquerons sommairement les entreprises et les grands travaux qui transformèrent cette belle

---

(1) H. Sauvage, *Recherches historiques sur l'arrondissement de Mortain*, 1851, p. 335.

(2) Nommé par le Roi au mois d'avril 1745, il avait pris possession le 15 juin de la même année. (*Gallia Christiana*, t. XI, col. 552).

(3) Voir quelques détails sur une visite de Mgr d'Aydie à Savigny. — M. Jullien Travers, *Annuaire du département de la Manche*, 1868, p. 17, note; — M. Sarat, *Histoire de la Révolution dans le département de la Manche*, 1875, p. 74.

abbaye pendant tout le temps qu'il en eut nominalement la direction.

Tout du moins, ce fut lui qui, par son influence directe, obtint du Souverain-Pontife Benoît XIV, un bref daté du 23 janvier 1751, contenant des indulgences plénières en faveur de ceux qui visiteraient en état de grâce l'église abbatiale de Notre-Dame-de-Savigny (1).

Vers la même époque, la maison abbatiale et la majeure partie des bâtiments du monastère, consacrés aux hôtes et aux étrangers, et qui se développaient en avant de l'église, dissimulant derrière eux les cloîtres et les édifices réguliers et claustraux, furent complétement reconstruits (2), dans un style noble et sévère et sur un modèle uniformément adopté par toutes les maisons de l'ordre de Saint-Benoît, au siècle dernier, où l'on bâtit beaucoup.

Au même temps, appartiennent encore les constructions du prieuré de Beaufour, situé à quelques kilomètres seulement de l'abbaye, et dont le prieur tenait à faire sa résidence et sa maison de plaisance, voulant, à l'exemple de l'abbé commendataire, éviter ainsi la résidence obligée pour lui au milieu de ses moines (3).

Mais ce fut surtout et avant tout l'église abbatiale qui fut l'objet de dépenses considérables et de soins multipliés.

Les autels en furent renouvelés et les marbres les plus beaux de Gênes et de Laval, de l'Italie et de la France, furent apportés pour les édifier (4). L'un d'eux, celui du maître-autel de l'église paroissiale de la ville de Mortain, existe encore. Il a été apporté de Savigny à la réouverture des temples chrétiens; on n'a eu qu'un tort, celui d'en amoindrir les dimensions et l'élévation en supprimant trois marches du

---

(1) Anciennes archives de Mortain, aujourd'hui à Saint-Lô. — H. Sauvage, *Recherches historiques sur Mortain*, p. 336.

(2) Ces travaux avaient été commencés sous Massillon, à la suite d'un incendie considérable. H. Sauvage, *Recherches historiques sur Mortain*, p. 333-336. — Anciennes archives de Mortain, aujourd'hui à Saint-Lô.

(3) Anciennes archives de Mortain, aujourd'hui à Saint-Lô.

(4) Voir les marchés. — Anciennes archives de Mortain, id. — H. Sauvage, *Recherches historiques sur Mortain*, p. 336.

sanctuaire. Un dallage, également en marbre, fut placé dans toute l'église.

En 1759 et 1761, douze tableaux de très-grandes dimensions furent exécutés pour le même monument. La plupart ornent actuellement la chapelle du Grand-Séminaire et la cathédrale de Coutances (1). Plus tard, quatre autres représentant les bienheureux de Savigny, savoir : Saint Vital, le fondateur, saint Haimon, saint Pierre et saint Geoffroy, complétèrent cette série de décorations. De plus, huit grilles entourèrent le sanctuaire et les chapelles de saint Bernard, de sainte Adeline. Enfin une Gloire fut apposée au fond du sanctuaire et les orgues furent réparées (2).

Tout cela, nous le répétons, fut dû aux bienfaits de l'administration supérieure de l'abbé.

Dans certaines abbayes, — et elles étaient nombreuses, — l'abbé se faisait une part léonine et restait chargé de l'entretien du temple et des réparations : la part attribuée à la communauté des religieux n'était souvent que du quart ou du cinquième, souvent moins du revenu total. Or, l'abbé prenait tout et ne rendait rien; parfois même il laissait les bâtiments tomber en ruines. Il s'en suivit des procès nombreux, souvent presque scandaleux. A Savigny, ce n'était plus cela et grâce à l'organisation sage et intelligente de Massillon, tout en restant fort bien attribué et lotisé, son successeur, Mgr d'Aydie, avait pu s'épargner bien des ennuis, bien des contrariétés et ménager à son abbaye les moyens de rester à la hauteur de sa grande réputation. Il est vrai que ces mesures avaient été prises après l'incendie de la majeure partie du monastère, qu'il avait fallu réédifier. Mais une fois ces travaux achevés, Odet d'Aydie eût pu modifier les conventions qui existaient et qui n'avaient plus de raison d'être conservées; il eût ainsi

---

(1) Voir tous ces marchés aux Archives de Saint-Lô, provenant des archives de Mortain. — H. Sauvage, *Recherches*, id., p. 336 ; — dans la *Semaine religieuse de Coutances* un article dont j'ai communiqué les éléments.

(2) Tous ces marchés sont à Saint-Lô, provenant des archives de Mortain.

augmenté ses propres revenus. C'est donc une justice à lui rendre, de dire qu'il n'abusa jamais de son autorité.

Aussi, en présence de tant de travaux immenses dirigés avec un goût parfait, et qui donnaient à l'abbaye une grande renommée de beauté, jointe à une incontestable illustration de sainteté, il est difficile de croire que son dernier abbé, Mgr d'Aydie, ne se soit pas laissé entraîner au désir de la visiter quelquefois et de s'assurer par lui-même des effets de ses générosités, car il eût éprouvé une noble satisfaction en répétant à bon droit avec l'historien de l'antiquité : J'avais reçu une ville de pierres, je la laisserai de marbre : *Ut jure sit gloriatus, marmoream se relinquere, quam latericiam accepisset (XII Cæsares; Octavus Augustus,* SUETONE, *XIX).*

PIÈCES JUSTIFICATIVES

GÉNÉALOGIE DIRECTE DE L'ABBÉ FRANÇOIS-ODET D'AYDIE ET SA FAMILLE.

La famille d'Aydie était issue des comtes d'Armagnac
et des comtes de Comminges.

I.

Jean d'Aydie, écuyer, mentionné dans un titre des Chartes du Roi pour le château de Lourde, en Bigorre, l'an 1407, et dans un extrait de la Chambre des comptes de Bourgogne, l'an 1426.

Marié à : N....

1° Bertrand qui suit.

2° Odet, bailli du Cotentin.

II.

Bertrand d'Aydie, écuyer, capitaine de cent hommes d'armes, en 1461.

Marié à :

1° Marie de Domin.

1. Odet d'Aydie, amiral de Guyenne, qui a donné lieu à l'article inséré par le P. Anselme. (*Grands dignitaires de la Couronne*).

2° Honorete...

1. Odet d'Aydie, le jeune, qui suit.

III.

Odet d'Aydie, le jeune, vicomte de Ribérac, de Turenne et de Cailus, seigneur de Montfort, de Martel, chevalier, conseiller et chambellan du Roi. Il fut sénéchal de Carcassonne, en 1480, selon Belleforest, qui le dit issu du sang d'Armagnac et des comtes de Comminges. Gouverneur du château de Gerzane en 1485. Il est qualifié conseiller et chambellan du Roi dans une quittance qu'il donna le 20 mai 1479 à Guillaume de Moc, receveur général des finances de Languedoc, de 1,200 livres pour sa pension de cette année.

Marié à Anne de Pons, vicomtesse de Ribérac, de Turenne et de Cailus.

1° François, qui suit et sept autres enfants.

IV.

François d'Aydie, chevalier, vicomte de Ribérac et d'Espluche, etc., était dans Metz lorsque l'empereur Charles-Quint y vint mettre le siége. Il fit son testament le 3 octobre 1560.

Marié deux fois. Il épousa pour seconde femme Françoise de Salagnac, le 6 novembre 1525 qui fit son testament le 15 décembre 1550.

Sept enfants, entre lesquels Charles qui suit est le troisième.

V.

Charles d'Aydie, vicomte de Ribérac, fut député de la noblesse du Périgord vers le Roi de Navarre.

Marié à Jeanne de Bourdeille, dame des Bernardières, fille de Jean, seigneur des Bernardières, gouverneur et maréchal de Périgord. Leur mariage eut lieu le 12 juillet 1575.

Trois enfants, dont Guy le deuxième qui suit a formé la branche des seigneurs des Bernardières.

VI.

Seigneurs des Bernardières.

Guy d'Aydie, seigneur des Bernardières, qu'il eut en partage par transaction faite avec Armand d'Aydie, comte de Ribérac, son frère le 6 novembre 1606. Il fut aussi seigneur de Montcheuil par sa femme, et il était mort le 20 février 1650.

Marié à Marguerite Audier, par contrat du 11 juin 1615; elle transigea avec ses enfants le 20 février 1650.

Six enfants, dont Armand, le quatrième qui suit.

VII.

Armand d'Aydie, chevalier, seigneur de Saint-Martin de Valette et de Vaugoubert.

Marié à Marie de Beaupoil de Saint-Aulaire, fille de Daniel de Beaupoil de Saint-Aulaire, baron de Ternac, seigneur de Pourcharie et de Guyonne-Angélique de Chovigny-Blot, sa seconde femme.

Neuf enfants :

1° Antoine-Armand-Angélique d'Aydie.

2° Blaise-Marie d'Aydie.

3° Antoine-Angélique-Daniel d'Aydie.

4° François-Odet d'Aydie.

5° N... d'Aydie, abbé, mort en 1719.

6° Marie d'Aydie, marquise de La Douze.

7° 8° 9° Trois filles religieuses,

(P. Anselme. *Hist. des grands dignitaires de la Couronne de France. Amiraux.* Tome VII et suivants).

LA FAMILLE DE L'ABBÉ D'AYDIE.

*Enfants de Messire Armand d'Aydie et de Mme Marie de Beaupoil
de Saint-Aulaire.*

I.

Messire Antoine-Armand-Angélique d'Aydie (1), comte d'Aydie, l'aîné
de la famille, né au château de Vaugoubert, en la paroisse de Saint-Sa-
turnin de Quinsac, fut l'un des agents de la conspiration de Cellamare,
ambassadeur de la Cour d'Espagne, contre le Régent, Philippe d'Orléans.

Contraint, par suite de sa participation à ce complot, de se réfugier en
Espagne, il y obtint la Grandesse, la croix de l'ordre de la Toison-d'Or, le
grade de lieutenant-général des armées de Sa Majesté catholique, et fut,
enfin, vice-roi, gouverneur et capitaine-général des deux Castilles.

Rentré en France, il rebâtit le château de Vaugoubert, qu'il laissa par
son testament à l'une de ses nièces, Mme de Philip de Saint-Viance.

Il semble qu'il cultiva les lettres, puisqu'à Périgueux, dans sa famille,
l'on a conservé une traduction manuscrite des œuvres choisies du chance-
lier Bacon, faite en collaboration par le comte d'Aydie avec milord Keith,
général écossais, plus connu sous le nom de Milord-Maréchal. Durant son
séjour en Espagne, il avait aussi agréé l'hommage d'une thèse, écrite sur
beau papier de soie satinée, et subie dans un concours public par un étu-
diant en médecine de l'Université de Salamanque, et natif de Séville.

On raconte à son sujet une anecdote, dont on nous a garanti la
sincérité :

A son retour d'Espagne, le comte d'Aydie ne s'étant pas annoncé à sa
famille, avec laquelle depuis longtemps déjà il avait cessé ses relations, et
qui n'avait aucune nouvelle de lui, voulut se présenter au château de
Mayac, sans se faire reconnaître. Il revêtit donc des vêtements négligés et

---

(1) Nous tenons à dire que nous devons tous les renseignements qui suivent à la
bienveillance de M. le comte de Larmandie, auquel nous renouvelons l'expression
de notre plus vive gratitude.

alla, comme un homme fort pauvre, réclamer l'assistance des siens. Mᵐᵉ de Montcheuil et l'abbesse de la Règle, lui firent, ainsi que les fils du marquis de Migré, remettre quelques secours, comme à un mendiant ordinaire, mais sans prendre garde autrement à lui et sans le reconnaître. Quant à Mᵐᵉ de Saint-Viance, qui ne l'avait pas encore vu, survenant tout-à-coup, elle le reconnut aussitôt. Se jetant à son cou et l'étreignant dans ses bras, elle s'écria immédiatement : « Eh ! c'est notre oncle » l'Espagnol, Monsieur d'Aydie ! comment ne le reconnaissez-vous pas ? »

Aussi ajoute-t-on, le comte, en souvenir de ce que seule entre tous les siens, Mᵐᵉ de Saint-Viance l'avait accueilli avec les élans les plus complets d'une joie vive, l'institua la seule héritière de tous ses biens.

Il ne laissa, du reste, que son château de Vaugoubert, avec ses dépendances, puisque ses pensions s'éteignirent avec lui. Mais il avait fait reconstruire ce château, et en avait ainsi considérablement augmenté la valeur.

A cette occasion, l'on dit encore qu'aussitôt après son arrivée à Mayac et à Vaugoubert, le comte d'Aydie fut suivi d'un mulet chargé de l'or, des pierreries et des valeurs considérables qu'il rapportait d'Espagne. Il y a probablement beaucoup d'exagération dans ce récit. Cependant il est certain qu'il désintéressa ses frères et ses sœurs de leurs droits sur son domaine, et que les constructions qu'il entreprit lui coutèrent fort cher. C'est dire qu'il dut rapporter une forte somme ; mais de là à la charge d'un mulet, il y a loin.

Le comte d'Aydie mourut à son château de Vaugoubert, le 3 juillet 1764, âgé de 78 ans. (*Mercure de France*. Octobre 1764, 2ᵉ vol. p. 207).

II.

Blaise-Marie d'Aydie, qualifié du titre de chevalier d'Aydie, était le second de la famille, c'est-à-dire le cadet.

Né le 27 mars 1692, au château de Vaugoubert, il ne reçut que le 24 août 1694, le complément des cérémonies du baptême. Son parrain fut Blaise d'Aydie, marquis des Bernardières, et père du comte de Rions, dont nous avons eu l'occasion de parler dans notre étude sur l'abbé François-Odet d'Aydie. Sa marraine fut Marie d'Aydie, qui devait être la sœur de son père. (Acte de baptême).

Dès avant l'année 1721, il fut admis dans l'ordre de Malte, puisque son nom est inscrit dans les lettres de réception de son frère Antoine-Angélique-Daniel, qui était plus jeune que lui de trois ans. (Brevet original de l'ordre de Malte).

Nous ne nous étendrons pas plus longuement sur la vie du chevalier d'Aydie qu'ont fait connaître ses relations avec la célèbre Mlle Aïssé.

III.

Le 22 juillet 1695, naissance à Champagnac-de-Belair, en Périgord, de Antoine-Angélique-Daniel d'Aydie, le troisième fils d'Armand, vicomte d'Aydie, seigneur de Vaugoubert et de Mme Marie de Saint-Aulaire. Son parrain fut Angélique d'Aydie, son frère aîné, et sa marraine Mme Catherine de Morilières, sa grand'mère paternelle. (Acte de naissance).

Antoine-Angélique-Daniel fut, pour le distinguer de ses frères, désigné sous la dénomination de chevalier de Ribérac. (Certificat original du 30 octobre 1720, signé de Louis d'Hautefort, marquis de Marquessac; de Jean d'Abzac, marquis de La Douze; de Charles de Saint-Astier, marquis des Bories; de François-Isaac de Raymond de Macanan, marquis de Sallegourde).

Il fut admis dans l'ordre de Malte, ainsi que son cadet le chevalier d'Aydie, pour la Langue d'Auvergne, d'après les lettres authentiques émanant de la chancellerie de cet ordre, datées du 1er septembre 1721, et qui font mention d'un bref du Souverain Pontife Innocent XIII, donné à Rome à Sainte-Marie Majeure, le 4 août 1721.

Ces mêmes lettres constatent que Blaise d'Aydie, frère germain du récipiendaire avait été déjà précédemment reçu dans ledit ordre de Malte, pour la même Langue d'Auvergne. (Brevet original de l'ordre de Malte, signé du vice-chancelier).

Plus tard, le chevalier de Ribérac devint brigadier des armées du Roi, et prieur des prieurés de Saint-Marcel d'Argenton et de Valençay. (*Mercure de France*, 1769, tome II, vol. page 114).

Son portrait est conservé à Périgueux. Il est représenté en costume de chevalier de Malte, avec cuirasse, brassarts et ruban noir passé en sautoir. A le voir, on peut assurer qu'il ne le cédait que fort peu à la beauté physique de son frère le chevalier Blaise-Marie, surnommé le beau d'Aydie.

Ribérac mourut au château de Mayac le 19 mai 1768, âgé de 70 ans. (*Mercure de France*, janvier 1769, 2e vol. page 114).

IV.

L'abbé François-Odet d'Aydie, au sujet duquel nous avons écrit la notice qui précède.

L'abbé d'Aydie au marquis de Créquy.

« Mayac, le 18 février 1761.

» Les sentiments tendres et respectueux dont je suis pénétré pour Madame votre mère et pour votre oncle sont un sûr garant, Monsieur, de ceux que je vous ai voués pour ma vie. Né dans le sein de la vertu, élevé par les mains les plus délicates et les plus légères, ayant devant vos yeux les exemples les plus respectables et n'en trouvant que d'admirables dans vos aïeux, quels préjugés avantageux ne doit-on pas avoir pour vous ? Les marques de bonté dont vous m'honorez aujourd'hui, Monsieur, augmenteraient les miens si cela se pouvait, puisque ce ne peut être que des mouvements de générosité, de noblessse et de compassion qui vous ont engagé à venir chercher un vieux et triste prêtre dans sa profonde retraite, pour lui procurer de la consolation.

» Vous devez vous applaudir de votre démarche, puisqu'elle a les succès que vous en attendiez et qu'elle me flatte d'autant plus qu'elle est l'interprète des sentiments de Mme la marquise de Créquy et de M. le bailli de Froullay, à qui je dois sans doute l'intérêt que vous paraissez prendre à ce qui me touche. Je vous en demande la continuation, Monsieur, avec instance, et pour vous engager à me l'accorder, pensez souvent que je fais des vœux bien ardents pour votre conservation et votre bonheur, et que je serai toute ma vie, avec le plus tendre et le plus respectueux attachement, Monsieur,

« Votre très-humble et très-obéissant serviteur,

L'abbé D'AYDIE.

(*Correspondances du chevalier d'Aydie*, publiées par M. Bonhomme.)

L'abbé d'Aydie à la marquise de Créquy.

« Mayac, ce 19 février 1761.

» Quand il m'a été possible de penser, Madame, j'ai reconnu ma faute et m'en suis amèrement repenti. J'en mérite en vérité le pardon ; hélas ! j'aurais été la cause de la mort de celui à qui je voudrais donner ma vie pour le conserver. Mon malheur aurait été complet, et sans doute je n'y aurais pas résisté.

» Vous avez la bonté, Madame, de vous intéresser à Mme de Nanthiac. Ainsi je vais vous rassurer sur sa situation. Elle a un mari qui est un homme de condition, qui a eu la tête mauvaise, mais qui est d'une humeur égale, douce et bonne, et qui a le cœur tendre et noble. Elle n'a qu'un beau-frère qui est major du régiment du Roi-Dragons, qui sert avec distinction et qui est payé de sa légitime. Elle n'a qu'une fille, mariée à M. le vicomte de Bonneval, lieutenant-colonel du régiment de Poitou, bon sujet et très-appliqué à ses devoirs. Cette fille est douce, bonne, jolie et vertueuse. Ce M. de Bonneval est l'héritier de M. le comte de Bonneval, qui n'a point d'enfants, et dont la femme est hors d'état d'en avoir, et qui a quarante mille livres de rentes.

» M. et Mme de Nanthiac ont près de dix mille livres de rentes. (Le vicomte de Nanthiac mourut le 25 décembre 1773).

» Le testament ne court aucun risque d'être querellé *(sic)*, puisqu'il n'y aurait que nous qui fussions en droit de faire une pareille horreur, et nous en sommes bien éloignés. Ma sœur aime tendrement Mme de Nanthiac ainsi que Mme de Bonneval, et leur en donne journellement des preuves. Son mari pense comme elle, et est noble et généreux. Pour nous, Madame, vous ne doutez pas, je crois, que nous ne chérissions très-tendrement cette nièce, que nous regardons comme telle et qui mérite, par les qualités de son cœur et son esprit, tous nos égards et tous nos soins. Aussi, nous appliquons-nous à adoucir son malheur, en lui donnant encore plus de preuves de notre tendresse. Elle n'est partie que hier d'ici, pour aller dans son château très-bien bâti et très-bien meublé. Sa fille et son gendre sont venus l'y trouver. Le chevalier de Ribérac est exécuteur du testament. Il doit en avoir envoyé une copie à M. le Bailli.

» Voilà, Madame, l'état exact de la situation de cette pauvre femme, qui, malgré tous les avantages qu'elle a, mérite compassion, puisqu'elle est pénétrée d'une vive douleur, sentant bien qu'elle fait la plus grande perte qu'elle pouvait faire. Ma sœur et le chevalier de Ribérac (l'un des frères de l'abbé d'Aydie) sont bien sensibles aux sentiments dont vous les honorez, Madame, et ils savent très-bien tout le cas qu'ils en doivent faire, puisqu'ils ont appris depuis longtemps à vous respecter et à s'intéresser à tout ce qui vous arrive, indépendamment des sentiments qu'ils ont pour M. le Bailli.

» Je suis on ne peut plus flatté de l'honneur que m'a fait M. le marquis de Créquy. Il me devient, Madame, d'autant plus précieux, que c'est sans doute à la bonne opinion que vous avez eu la bonté de lui donner de moi que je le dois. J'en suis certainement digne, Madame, par le plus respectueux et inviolable attachement avec lequel,

» J'ai l'honneur d'être, etc.

» J'ose me flatter que vous ne me laisserez pas ignorer tout ce qui vous regarde, ainsi que M. le Bailli et M. votre fils. Hélas ! je mérite tant cette attention !

L'abbé d'AYDIE. »

(*Correspondances du chevalier d'Aydie*, publiées par
M. Bonhomme.)

Périgueux. — Imprimerie Dupont et Ce, rues Aubergerie et des Farges.

www.ingramcontent.com/pod-product-compliance
Lightning Source LLC
Chambersburg PA
CBHW061715060726
47597CB00006B/2383